MONTH: YEAR:

S	M	T	W	T	F	S

Top 3 Goals For the Week

_____
_____
_____

To Do

_____
_____
_____
_____
_____
_____
_____
_____
_____

Things I'm Grateful For

Week of: ____ / ____ to ____ / ____

MONDAY

TUESDAY

WEDNESDAY

THURSDAY

FRIDAY

SATURDAY

SUNDAY

Today's Plan

Date: _____
Mon Tue Wed Thu Fri Sat Sun

Today's Goal(s) _____
_____
_____

To Do Today
- ○ _____
- ○ _____
- ○ _____
- ○ _____
- ○ _____

Daily Chores
- ○ _____
- ○ _____
- ○ _____
- ○ _____
- ○ _____

Appointments
__:__ _____
__:__ _____
__:__ _____
__:__ _____

Hydrate ◊ ◊ ◊ ◊ ◊ ◊ ◊
Mood ☺ 😐 ☹ ☹ ☹
Exercise _____
_____
_____

For Tomorrow
_____
_____
_____
_____
_____

I Am Grateful For

Today's Plan

Date: _____

Mon Tue Wed Thu Fri Sat Sun

Today's Goal(s) _____
_____
_____

To Do Today
- ○ _____
- ○ _____
- ○ _____
- ○ _____
- ○ _____

Daily Chores
- ○ _____
- ○ _____
- ○ _____
- ○ _____
- ○ _____

Appointments
___:___ _____
___:___ _____
___:___ _____
___:___ _____

Hydrate ○ ○ ○ ○ ○ ○ ○
Mood ☺ 😐 ☹ 😖 😠
Exercise _____
_____
_____

For Tomorrow
_____
_____
_____
_____
_____

I Am Grateful For

Today's Plan

Date: _____
Mon Tue Wed Thu Fri Sat Sun

Today's Goal(s) _____
_____
_____

To Do Today
○ _____
○ _____
○ _____
○ _____
○ _____

Daily Chores
○ _____
○ _____
○ _____
○ _____
○ _____

Appointments
___:___ _____
___:___ _____
___:___ _____
___:___ _____

Hydrate ○ ○ ○ ○ ○ ○ ○
Mood ☺ 😐 ☹ ☹ 😠
Exercise _____
_____
_____

For Tomorrow
_____
_____
_____
_____

I Am Grateful For

Today's Plan

Date: _____
Mon Tue Wed Thu Fri Sat Sun

Today's Goal(s) _____
_____
_____

To Do Today
○ _____
○ _____
○ _____
○ _____
○ _____

Daily Chores
○ _____
○ _____
○ _____
○ _____
○ _____

Appointments
___:___ _____
___:___ _____
___:___ _____
___:___ _____

Hydrate ⬦ ⬦ ⬦ ⬦ ⬦ ⬦ ⬦
Mood 😊 😐 🙁 ☹️ 😠
Exercise _____
_____
_____

For Tomorrow
_____
_____
_____
_____
_____

I Am Grateful For

Today's Plan

Date: _____
Mon Tue Wed Thu Fri Sat Sun

Today's Goal(s) _____
_____
_____

To Do Today

- ○ _____
- ○ _____
- ○ _____
- ○ _____
- ○ _____

Daily Chores

- ○ _____
- ○ _____
- ○ _____
- ○ _____
- ○ _____

Appointments

__:__ _____
__:__ _____
__:__ _____
__:__ _____

Hydrate	○ ○ ○ ○ ○ ○ ○
Mood	☺ 😐 ☹ ☹ 😠
Exercise	_____
	_____
	_____

For Tomorrow

_____
_____
_____
_____

I Am Grateful For

Today's Plan

Date: _____
Mon Tue Wed Thu Fri Sat Sun

Today's Goal(s) _____
_____
_____

To Do Today

○ _____
○ _____
○ _____
○ _____
○ _____

Daily Chores

○ _____
○ _____
○ _____
○ _____
○ _____

Appointments

___:___ _____
___:___ _____
___:___ _____
___:___ _____

Hydrate ○ ○ ○ ○ ○ ○ ○
Mood ☺ 😐 ☹ 😦 😠
Exercise _____
_____
_____

For Tomorrow

_____
_____
_____
_____
_____

I Am Grateful For

Today's Plan

Date: _____
Mon Tue Wed Thu Fri Sat Sun

Today's Goal(s) _____
_____
_____

To Do Today
- ○ _____
- ○ _____
- ○ _____
- ○ _____
- ○ _____

Daily Chores
- ○ _____
- ○ _____
- ○ _____
- ○ _____
- ○ _____

Appointments
__:__ _____
__:__ _____
__:__ _____
__:__ _____

Hydrate ○ ○ ○ ○ ○ ○ ○
Mood ☺ 😐 ☹ ☹ ☹
Exercise _____
_____
_____

For Tomorrow
_____
_____
_____
_____

I Am Grateful For

NOTES	THOUGHTS

MONTH: YEAR:

S	M	T	W	T	F	S

_____

_____

_____

_____

_____

_____

Top 3 Goals For the Week

Week of: ____ / ____ to ____ / ____

_____

_____

_____

To Do

_____

_____

_____

_____

_____

_____

_____

_____

_____

Things I'm Grateful For

MONDAY

TUESDAY

WEDNESDAY

THURSDAY

FRIDAY

SATURDAY

SUNDAY

Today's Plan

Date: _____
Mon Tue Wed Thu Fri Sat Sun

Today's Goal(s) _____
_____
_____

To Do Today
- ○ _____
- ○ _____
- ○ _____
- ○ _____
- ○ _____

Daily Chores
- ○ _____
- ○ _____
- ○ _____
- ○ _____
- ○ _____

Appointments
__:__ _____
__:__ _____
__:__ _____
__:__ _____

Hydrate ○ ○ ○ ○ ○ ○ ○
Mood 🙂 😐 🙁 ☹️ 😠
Exercise _____
_____
_____

For Tomorrow
_____
_____
_____
_____

I Am Grateful For

Today's Plan

Date: _____
Mon Tue Wed Thu Fri Sat Sun

Today's Goal(s) _____
_____
_____

To Do Today
- ○ _____
- ○ _____
- ○ _____
- ○ _____
- ○ _____

Daily Chores
- ○ _____
- ○ _____
- ○ _____
- ○ _____
- ○ _____

Appointments
__:__ _____
__:__ _____
__:__ _____
__:__ _____

Hydrate ○ ○ ○ ○ ○ ○ ○
Mood :) :| :(:(>:(
Exercise _____
_____
_____

For Tomorrow
_____
_____
_____
_____
_____

I Am Grateful For

Today's Plan

Date: _____
Mon Tue Wed Thu Fri Sat Sun

Today's Goal(s) _____
_____
_____

To Do Today
- ○ _____
- ○ _____
- ○ _____
- ○ _____
- ○ _____

Daily Chores
- ○ _____
- ○ _____
- ○ _____
- ○ _____
- ○ _____

Appointments
___:___ _____
___:___ _____
___:___ _____
___:___ _____

Hydrate ○ ○ ○ ○ ○ ○ ○
Mood ☺ 😐 ☹ 😦 😖
Exercise _____
_____
_____

For Tomorrow
_____
_____
_____
_____
_____

I Am Grateful For

Today's Plan

Date: _____
Mon Tue Wed Thu Fri Sat Sun

Today's Goal(s) _____
_____
_____

To Do Today
- ○ _____
- ○ _____
- ○ _____
- ○ _____
- ○ _____

Daily Chores
- ○ _____
- ○ _____
- ○ _____
- ○ _____
- ○ _____

Appointments
___:___ _____
___:___ _____
___:___ _____
___:___ _____

Hydrate ○ ○ ○ ○ ○ ○ ○
Mood :) :| :(:(>:(
Exercise _____
_____
_____

For Tomorrow
_____
_____
_____
_____
_____

I Am Grateful For

Today's Plan

Date: _____
Mon Tue Wed Thu Fri Sat Sun

Today's Goal(s) _____
_____
_____

To Do Today
- ○ _____
- ○ _____
- ○ _____
- ○ _____
- ○ _____

Daily Chores
- ○ _____
- ○ _____
- ○ _____
- ○ _____
- ○ _____

Appointments
___:___ _____
___:___ _____
___:___ _____
___:___ _____

Hydrate ⬭⬭⬭⬭⬭⬭⬭
Mood ☺ 😐 ☹ 😦 😣
Exercise _____
_____
_____

For Tomorrow
_____
_____
_____
_____

I Am Grateful For

Today's Plan

Date: _____
Mon Tue Wed Thu Fri Sat Sun

Today's Goal(s) _____
_____
_____

To Do Today
- ○ _____
- ○ _____
- ○ _____
- ○ _____
- ○ _____

Daily Chores
- ○ _____
- ○ _____
- ○ _____
- ○ _____
- ○ _____

Appointments

___:___ _____

___:___ _____

___:___ _____

___:___ _____

Hydrate ○ ○ ○ ○ ○ ○ ○
Mood ☺ 😐 ☹ 😖 😣
Exercise _____
_____
_____

For Tomorrow
_____
_____
_____
_____
_____

I Am Grateful For

Today's Plan

Date: _____
Mon Tue Wed Thu Fri Sat Sun

Today's Goal(s) _____
_____
_____

To Do Today
- ○ _____
- ○ _____
- ○ _____
- ○ _____
- ○ _____

Daily Chores
- ○ _____
- ○ _____
- ○ _____
- ○ _____
- ○ _____

Appointments
__:__ _____
__:__ _____
__:__ _____
__:__ _____

Hydrate ○ ○ ○ ○ ○ ○ ○
Mood ☺ 😐 ☹ 😦 😖
Exercise _____
_____
_____

For Tomorrow
_____
_____
_____
_____
_____

I Am Grateful For

NOTES	THOUGHTS

MONTH:					YEAR:	
S	M	T	W	T	F	S

_____

_____

_____

_____

_____

_____

_____

Top 3 Goals For the Week

Week of: ____ / ____ to ____ / ____

_____
_____
_____

To Do

_____
_____
_____
_____
_____
_____
_____
_____
_____

Things I'm Grateful For

MONDAY

TUESDAY

WEDNESDAY

THURSDAY

FRIDAY

SATURDAY

SUNDAY

Today's Plan

Date: _____
Mon Tue Wed Thu Fri Sat Sun

Today's Goal(s) _____
_____
_____

To Do Today
- ○ _____
- ○ _____
- ○ _____
- ○ _____
- ○ _____

Daily Chores
- ○ _____
- ○ _____
- ○ _____
- ○ _____
- ○ _____

Appointments

___:___ _____
___:___ _____
___:___ _____
___:___ _____

Hydrate ○ ○ ○ ○ ○ ○ ○
Mood :) :| :(:(:(
Exercise _____
_____
_____

For Tomorrow
_____
_____
_____
_____
_____

I Am Grateful For

Today's Plan

Date: _____
Mon Tue Wed Thu Fri Sat Sun

Today's Goal(s) _____
_____
_____

To Do Today
○ _____
○ _____
○ _____
○ _____
○ _____

Daily Chores
○ _____
○ _____
○ _____
○ _____
○ _____

Appointments
___:___ _____
___:___ _____
___:___ _____
___:___ _____

Hydrate ○ ○ ○ ○ ○ ○ ○
Mood 😊 😐 🙁 ☹️ 😖
Exercise _____
_____
_____

For Tomorrow
_____
_____
_____
_____
_____

I Am Grateful For

Today's Plan

Date: _____
Mon Tue Wed Thu Fri Sat Sun

Today's Goal(s) _____
_____
_____

To Do Today

○ _____
○ _____
○ _____
○ _____
○ _____

Daily Chores

○ _____
○ _____
○ _____
○ _____
○ _____

Appointments

__:__ _____
__:__ _____
__:__ _____
__:__ _____

Hydrate ○○○○○○○
Mood ☺ 😐 ☹ 🙁 😠
Exercise _____
_____
_____

For Tomorrow

_____
_____
_____
_____
_____

I Am Grateful For

Today's Plan

Date: _____
Mon Tue Wed Thu Fri Sat Sun

Today's Goal(s) _____
_____
_____

To Do Today
- ○ _____
- ○ _____
- ○ _____
- ○ _____
- ○ _____

Daily Chores
- ○ _____
- ○ _____
- ○ _____
- ○ _____
- ○ _____

Appointments
___:___ _____
___:___ _____
___:___ _____
___:___ _____

Hydrate ○ ○ ○ ○ ○ ○ ○
Mood :) :| :(:(:(
Exercise _____
_____
_____

For Tomorrow
_____
_____
_____
_____
_____

I Am Grateful For

Today's Plan

Date: _____
Mon Tue Wed Thu Fri Sat Sun

Today's Goal(s) _____
_____
_____

To Do Today
○ _____
○ _____
○ _____
○ _____
○ _____

Daily Chores
○ _____
○ _____
○ _____
○ _____
○ _____

Appointments

___:___ _____
___:___ _____
___:___ _____
___:___ _____

Hydrate ○ ○ ○ ○ ○ ○ ○
Mood :) :| :(:(:(
Exercise _____
_____
_____

For Tomorrow

_____
_____
_____
_____
_____

I Am Grateful For

Today's Plan

Date: _____
Mon Tue Wed Thu Fri Sat Sun

Today's Goal(s) _____
_____
_____

To Do Today
○ _____
○ _____
○ _____
○ _____
○ _____

Daily Chores
○ _____
○ _____
○ _____
○ _____
○ _____

Appointments
___:___ _____
___:___ _____
___:___ _____
___:___ _____

Hydrate ○ ○ ○ ○ ○ ○ ○
Mood   ☺ 😐 ☹ 😣 😖
Exercise _____
         _____
         _____

For Tomorrow
_____
_____
_____
_____
_____

I Am Grateful For

Today's Plan

Date: _____

Mon Tue Wed Thu Fri Sat Sun

Today's Goal(s) _____
_____
_____

To Do Today
- ○ _____
- ○ _____
- ○ _____
- ○ _____
- ○ _____

Daily Chores
- ○ _____
- ○ _____
- ○ _____
- ○ _____
- ○ _____

Appointments

___:___ _____

___:___ _____

___:___ _____

___:___ _____

Hydrate	○ ○ ○ ○ ○ ○ ○
Mood	☺ 😐 ☹ ☹ 😠
Exercise	_____
	_____
	_____

For Tomorrow

_____
_____
_____
_____
_____

I Am Grateful For

NOTES	THOUGHTS

MONTH:					YEAR:	
S	M	T	W	T	F	S

Top 3 Goals For the Week

Week of: _____ / _____ to _____ / _____

_____
_____
_____

To Do

_____
_____
_____
_____
_____
_____
_____
_____
_____
_____

Things I'm Grateful For

MONDAY

TUESDAY

WEDNESDAY

THURSDAY

FRIDAY

SATURDAY

SUNDAY

Today's Plan

Date: _____
Mon Tue Wed Thu Fri Sat Sun

Today's Goal(s) _____
_____
_____

To Do Today
- ○ _____
- ○ _____
- ○ _____
- ○ _____
- ○ _____

Daily Chores
- ○ _____
- ○ _____
- ○ _____
- ○ _____
- ○ _____

Appointments
__:__ _____
__:__ _____
__:__ _____
__:__ _____

Hydrate ○ ○ ○ ○ ○ ○ ○
Mood ☺ 😐 ☹ 😦 😠
Exercise _____
_____
_____

For Tomorrow
_____
_____
_____
_____

I Am Grateful For

Today's Plan

Date: _____
Mon Tue Wed Thu Fri Sat Sun

Today's Goal(s) _____
_____
_____

To Do Today
- ○ _____
- ○ _____
- ○ _____
- ○ _____
- ○ _____

Daily Chores
- ○ _____
- ○ _____
- ○ _____
- ○ _____
- ○ _____

Appointments

___:___ _____
___:___ _____
___:___ _____
___:___ _____

Hydrate ○ ○ ○ ○ ○ ○ ○
Mood :) :| :(:((>:(
Exercise _____
_____
_____

For Tomorrow
_____
_____
_____
_____
_____

I Am Grateful For

Today's Plan

Date: _____
Mon Tue Wed Thu Fri Sat Sun

Today's Goal(s) _____
_____
_____

To Do Today
- ○ _____
- ○ _____
- ○ _____
- ○ _____
- ○ _____

Daily Chores
- ○ _____
- ○ _____
- ○ _____
- ○ _____
- ○ _____

Appointments
___:___ _____
___:___ _____
___:___ _____
___:___ _____

Hydrate ○ ○ ○ ○ ○ ○ ○
Mood ☺ 😐 ☹ ☹ 😖
Exercise _____
_____
_____

For Tomorrow
_____
_____
_____
_____
_____

I Am Grateful For

Today's Plan

Date: _____
Mon Tue Wed Thu Fri Sat Sun

Today's Goal(s) _____
_____
_____

To Do Today
- ○ _____
- ○ _____
- ○ _____
- ○ _____
- ○ _____

Daily Chores
- ○ _____
- ○ _____
- ○ _____
- ○ _____
- ○ _____

Appointments
___:___ _____
___:___ _____
___:___ _____
___:___ _____

Hydrate ◊ ◊ ◊ ◊ ◊ ◊ ◊
Mood ☺ 😐 ☹ 😟 😣
Exercise _____
_____
_____

For Tomorrow
_____
_____
_____
_____
_____

I Am Grateful For

Today's Plan

Date: _____
Mon Tue Wed Thu Fri Sat Sun

Today's Goal(s) _____
_____
_____

To Do Today   Daily Chores
○ _____   ○ _____
○ _____   ○ _____
○ _____   ○ _____
○ _____   ○ _____
○ _____   ○ _____

Appointments
___:___ _____

___:___ _____

___:___ _____

___:___ _____

Hydrate	○ ○ ○ ○ ○ ○ ○
Mood	☺ 😐 ☹ 😦 😠
Exercise	_____
	_____
	_____

For Tomorrow   I Am Grateful For
_____
_____
_____
_____
_____

Today's Plan

Date: _____
Mon Tue Wed Thu Fri Sat Sun

Today's Goal(s) _____
_____
_____

To Do Today

○ _____
○ _____
○ _____
○ _____
○ _____

Daily Chores

○ _____
○ _____
○ _____
○ _____
○ _____

Appointments

__:__ _____

__:__ _____

__:__ _____

__:__ _____

Hydrate ⬯ ⬯ ⬯ ⬯ ⬯ ⬯ ⬯

Mood 🙂 😐 🙁 ☹️ 😠

Exercise _____
_____
_____

For Tomorrow

_____
_____
_____
_____
_____

I Am Grateful For

Today's Plan

Date: _____

Mon Tue Wed Thu Fri Sat Sun

Today's Goal(s) _____
_____
_____

To Do Today

○ _____
○ _____
○ _____
○ _____
○ _____

Daily Chores

○ _____
○ _____
○ _____
○ _____
○ _____

Appointments

___:___ _____
___:___ _____
___:___ _____
___:___ _____

Hydrate ◯ ◯ ◯ ◯ ◯ ◯ ◯

Mood ☺ 😐 ☹ ☹ 😖

Exercise _____
_____
_____

For Tomorrow

_____
_____
_____
_____
_____

I Am Grateful For

NOTES	THOUGHTS

MONTH:					YEAR:	
S	M	T	W	T	F	S

_____

_____

_____

_____

_____

_____

Top 3 Goals For the Week

Week of: ____ / ____ to ____ / ____

_____
_____
_____

To Do

_____
_____
_____
_____
_____
_____
_____
_____
_____

Things I'm Grateful For

MONDAY

TUESDAY

WEDNESDAY

THURSDAY

FRIDAY

SATURDAY

SUNDAY

Today's Plan

Date: _____
Mon Tue Wed Thu Fri Sat Sun

Today's Goal(s) _____
_____
_____

To Do Today
○ _____
○ _____
○ _____
○ _____
○ _____

Daily Chores
○ _____
○ _____
○ _____
○ _____
○ _____

Appointments
___:___ _____
___:___ _____
___:___ _____
___:___ _____

Hydrate ○ ○ ○ ○ ○ ○ ○
Mood ☺ 😐 ☹ 😦 😖
Exercise _____
_____
_____

For Tomorrow
_____
_____
_____
_____
_____

I Am Grateful For

Today's Plan

Date: _____
Mon Tue Wed Thu Fri Sat Sun

Today's Goal(s) _____
_____
_____

To Do Today
○ _____
○ _____
○ _____
○ _____
○ _____

Daily Chores
○ _____
○ _____
○ _____
○ _____
○ _____

Appointments
___:___ _____
___:___ _____
___:___ _____
___:___ _____

Hydrate ○ ○ ○ ○ ○ ○ ○
Mood ☺ 😐 ☹ 😦 😠
Exercise _____
_____
_____

For Tomorrow
_____
_____
_____
_____
_____

I Am Grateful For

Today's Plan

Date: _____
Mon Tue Wed Thu Fri Sat Sun

Today's Goal(s) _____
_____
_____

To Do Today
- ○ _____
- ○ _____
- ○ _____
- ○ _____
- ○ _____

Daily Chores
- ○ _____
- ○ _____
- ○ _____
- ○ _____
- ○ _____

Appointments
___:___ _____
___:___ _____
___:___ _____
___:___ _____

Hydrate ○ ○ ○ ○ ○ ○ ○
Mood ☺ 😐 ☹ 😦 😠
Exercise _____
_____
_____

For Tomorrow
_____
_____
_____
_____

I Am Grateful For

Today's Plan

Date: _____
Mon Tue Wed Thu Fri Sat Sun

Today's Goal(s) _____
_____
_____

To Do Today
- ○ _____
- ○ _____
- ○ _____
- ○ _____
- ○ _____

Daily Chores
- ○ _____
- ○ _____
- ○ _____
- ○ _____
- ○ _____

Appointments
___:___ _____
___:___ _____
___:___ _____
___:___ _____

Hydrate ○ ○ ○ ○ ○ ○ ○
Mood ☺ 😐 ☹ 😟 😣
Exercise _____
_____
_____

For Tomorrow
_____
_____
_____
_____
_____

I Am Grateful For

Today's Plan

Date: _____
Mon Tue Wed Thu Fri Sat Sun

Today's Goal(s) _____
_____
_____

To Do Today
○ _____
○ _____
○ _____
○ _____
○ _____

Daily Chores
○ _____
○ _____
○ _____
○ _____
○ _____

Appointments
___:___ _____
___:___ _____
___:___ _____
___:___ _____

Hydrate ○ ○ ○ ○ ○ ○ ○
Mood   ☺ 😐 ☹ ☹ 😫
Exercise _____
         _____
         _____

For Tomorrow
_____
_____
_____
_____
_____

I Am Grateful For

Today's Plan

Date: _____
Mon Tue Wed Thu Fri Sat Sun

Today's Goal(s) _____
_____
_____

To Do Today
○ _____
○ _____
○ _____
○ _____
○ _____

Daily Chores
○ _____
○ _____
○ _____
○ _____
○ _____

Appointments
___:___ _____
___:___ _____
___:___ _____
___:___ _____

Hydrate ○ ○ ○ ○ ○ ○ ○
Mood   ☺ 😐 ☹ 😦 😠
Exercise _____
_____
_____

For Tomorrow
_____
_____
_____
_____
_____

I Am Grateful For

Today's Plan

Date: _____
Mon Tue Wed Thu Fri Sat Sun

Today's Goal(s) _____
_____
_____

To Do Today

- ○ _____
- ○ _____
- ○ _____
- ○ _____
- ○ _____

Daily Chores

- ○ _____
- ○ _____
- ○ _____
- ○ _____
- ○ _____

Appointments

___:___ _____
___:___ _____
___:___ _____
___:___ _____

Hydrate ○ ○ ○ ○ ○ ○ ○
Mood   ☺ 😐 ☹ 😦 😣
Exercise _____
_____
_____

For Tomorrow

_____
_____
_____
_____
_____

I Am Grateful For

NOTES	THOUGHTS

MONTH:					YEAR:	
S	M	T	W	T	F	S

_____

_____

_____

_____

_____

_____

Top 3 Goals For the Week   Week of: ____ / ____ to ____ / ____

_____

_____

_____

To Do

| MONDAY |
| TUESDAY |
| WEDNESDAY |
| THURSDAY |
| FRIDAY |
| SATURDAY |
| SUNDAY |

_____
_____
_____
_____
_____
_____
_____
_____
_____

Things I'm Grateful For

Today's Plan

Date: _____
Mon Tue Wed Thu Fri Sat Sun

Today's Goal(s) _____
_____
_____

To Do Today
○ _____
○ _____
○ _____
○ _____
○ _____

Daily Chores
○ _____
○ _____
○ _____
○ _____
○ _____

Appointments
___:___ _____
___:___ _____
___:___ _____
___:___ _____

Hydrate ○ ○ ○ ○ ○ ○ ○
Mood ☺ 😐 ☹ 😦 😠
Exercise _____
_____
_____

For Tomorrow
_____
_____
_____
_____
_____

I Am Grateful For

Today's Plan

Date: _____
Mon Tue Wed Thu Fri Sat Sun

Today's Goal(s) _____
_____
_____

To Do Today
○ _____
○ _____
○ _____
○ _____
○ _____

Daily Chores
○ _____
○ _____
○ _____
○ _____
○ _____

Appointments
___:___ _____
___:___ _____
___:___ _____
___:___ _____

Hydrate ⬭ ⬭ ⬭ ⬭ ⬭ ⬭ ⬭
Mood 🙂 😐 🙁 ☹️ 😠
Exercise _____
_____
_____

For Tomorrow
_____
_____
_____
_____
_____

I Am Grateful For

Today's Plan

Date: _____
Mon Tue Wed Thu Fri Sat Sun

Today's Goal(s) _____
_____
_____

To Do Today
○ _____
○ _____
○ _____
○ _____
○ _____

Daily Chores
○ _____
○ _____
○ _____
○ _____
○ _____

Appointments
__:__ _____
__:__ _____
__:__ _____
__:__ _____

Hydrate ⬭ ⬭ ⬭ ⬭ ⬭ ⬭ ⬭
Mood ☺ 😐 ☹ ☹ 😖
Exercise _____
_____
_____

For Tomorrow
_____
_____
_____
_____
_____

I Am Grateful For

Today's Plan

Date: _____
Mon Tue Wed Thu Fri Sat Sun

Today's Goal(s) _____
_____
_____

To Do Today
- ○ _____
- ○ _____
- ○ _____
- ○ _____
- ○ _____

Daily Chores
- ○ _____
- ○ _____
- ○ _____
- ○ _____
- ○ _____

Appointments
___:___ _____
___:___ _____
___:___ _____
___:___ _____

Hydrate ○ ○ ○ ○ ○ ○ ○
Mood ☺ 😐 ☹ 😦 😠
Exercise _____
_____
_____

For Tomorrow
_____
_____
_____
_____
_____

I Am Grateful For

Today's Plan

Date: _____
Mon Tue Wed Thu Fri Sat Sun

Today's Goal(s) _____
_____
_____

To Do Today
○ _____
○ _____
○ _____
○ _____
○ _____

Daily Chores
○ _____
○ _____
○ _____
○ _____
○ _____

Appointments
___:___ _____
___:___ _____
___:___ _____
___:___ _____

Hydrate ⬯ ⬯ ⬯ ⬯ ⬯ ⬯ ⬯
Mood ☺ 😐 ☹ 😖 😣
Exercise _____
_____
_____

For Tomorrow
_____
_____
_____
_____
_____

I Am Grateful For

Today's Plan

Date: _____
Mon Tue Wed Thu Fri Sat Sun

Today's Goal(s) _____
_____
_____

To Do Today

○ _____
○ _____
○ _____
○ _____
○ _____

Daily Chores

○ _____
○ _____
○ _____
○ _____
○ _____

Appointments

___:___ _____
___:___ _____
___:___ _____
___:___ _____

Hydrate ⬦⬦⬦⬦⬦⬦⬦
Mood ☺ 😐 🙁 ☹ 😣
Exercise _____
_____
_____

For Tomorrow

_____
_____
_____
_____
_____

I Am Grateful For

Today's Plan

Date: _____
Mon Tue Wed Thu Fri Sat Sun

Today's Goal(s) _____
_____
_____

To Do Today
- ○ _____
- ○ _____
- ○ _____
- ○ _____
- ○ _____

Daily Chores
- ○ _____
- ○ _____
- ○ _____
- ○ _____
- ○ _____

Appointments
___:___ _____
___:___ _____
___:___ _____
___:___ _____

Hydrate ○ ○ ○ ○ ○ ○ ○
Mood ☺ 😐 ☹ 😦 😖
Exercise _____
_____
_____

For Tomorrow
_____
_____
_____
_____
_____

I Am Grateful For

NOTES	THOUGHTS

MONTH:					YEAR:	
S	M	T	W	T	F	S

_____

_____

_____

_____

_____

_____

🎯 Top 3 Goals For the Week   Week of: ____ / ____ to ____ / ____

_____

_____

_____

✓ To Do

MONDAY

TUESDAY

WEDNESDAY

THURSDAY

FRIDAY

♥ Things I'm Grateful For

SATURDAY

SUNDAY

Today's Plan

Date: _____
Mon Tue Wed Thu Fri Sat Sun

Today's Goal(s) _____
_____
_____

To Do Today

○ _____
○ _____
○ _____
○ _____
○ _____

Daily Chores

○ _____
○ _____
○ _____
○ _____
○ _____

Appointments

___:___ _____
___:___ _____
___:___ _____
___:___ _____

Hydrate ○ ○ ○ ○ ○ ○ ○
Mood ☺ 😐 ☹ 🙁 😠
Exercise _____
_____
_____

For Tomorrow

_____
_____
_____
_____
_____

I Am Grateful For

Today's Plan

Date: _____
Mon Tue Wed Thu Fri Sat Sun

Today's Goal(s) _____
_____
_____

To Do Today

○ _____
○ _____
○ _____
○ _____
○ _____

Daily Chores

○ _____
○ _____
○ _____
○ _____
○ _____

Appointments

__:__ _____
__:__ _____
__:__ _____
__:__ _____

Hydrate ○ ○ ○ ○ ○ ○ ○
Mood ☺ 😐 ☹ 😦 😖
Exercise _____
_____
_____

For Tomorrow

_____
_____
_____
_____
_____

I Am Grateful For

Today's Plan

Date: _____
Mon Tue Wed Thu Fri Sat Sun

Today's Goal(s) _____
_____
_____

To Do Today
- ○ _____
- ○ _____
- ○ _____
- ○ _____
- ○ _____

Daily Chores
- ○ _____
- ○ _____
- ○ _____
- ○ _____
- ○ _____

Appointments
__:__ _____
__:__ _____
__:__ _____
__:__ _____

Hydrate ○ ○ ○ ○ ○ ○ ○
Mood ☺ 😐 ☹ 😦 😫
Exercise _____
_____
_____

For Tomorrow
_____
_____
_____
_____
_____

I Am Grateful For

Today's Plan

Date: _____
Mon Tue Wed Thu Fri Sat Sun

Today's Goal(s) _____
_____
_____

To Do Today
- ○ _____
- ○ _____
- ○ _____
- ○ _____
- ○ _____

Daily Chores
- ○ _____
- ○ _____
- ○ _____
- ○ _____
- ○ _____

Appointments
__:__ _____
__:__ _____
__:__ _____
__:__ _____

Hydrate ○ ○ ○ ○ ○ ○ ○
Mood :) :| :(:(>:(
Exercise _____
_____
_____

For Tomorrow
_____
_____
_____
_____
_____

I Am Grateful For

Today's Plan

Date: _____
Mon Tue Wed Thu Fri Sat Sun

Today's Goal(s) _____
_____
_____

To Do Today

○ _____
○ _____
○ _____
○ _____
○ _____

Daily Chores

○ _____
○ _____
○ _____
○ _____
○ _____

Appointments

___:___ _____
___:___ _____
___:___ _____
___:___ _____

Hydrate ○ ○ ○ ○ ○ ○ ○
Mood ☺ 😐 ☹ 😦 😣
Exercise _____
_____
_____

For Tomorrow

_____
_____
_____
_____
_____

I Am Grateful For

Today's Plan

Date: _____
Mon Tue Wed Thu Fri Sat Sun

Today's Goal(s) _____
_____
_____

To Do Today
○ _____
○ _____
○ _____
○ _____
○ _____

Daily Chores
○ _____
○ _____
○ _____
○ _____
○ _____

Appointments
__:__ _____
__:__ _____
__:__ _____
__:__ _____

Hydrate ○ ○ ○ ○ ○ ○ ○
Mood ☺ 😐 ☹ 😦 😖
Exercise _____
_____
_____

For Tomorrow
_____
_____
_____
_____
_____

I Am Grateful For

Today's Plan

Date: _____
Mon Tue Wed Thu Fri Sat Sun

Today's Goal(s) _____
_____
_____

To Do Today
○ _____
○ _____
○ _____
○ _____
○ _____

Daily Chores
○ _____
○ _____
○ _____
○ _____
○ _____

Appointments
__:__ _____
__:__ _____
__:__ _____
__:__ _____

Hydrate ○ ○ ○ ○ ○ ○ ○
Mood   ☺ 😐 ☹ 😦 😧
Exercise _____
_____
_____

For Tomorrow
_____
_____
_____
_____
_____

I Am Grateful For

NOTES	THOUGHTS

MONTH:					YEAR:	
S	M	T	W	T	F	S

_____

_____

_____

_____

_____

_____

Top 3 Goals For the Week

Week of: _____ / _____ to _____ / _____

_____
_____
_____

To Do

_____
_____
_____
_____
_____
_____
_____
_____
_____
_____

Things I'm Grateful For

MONDAY

TUESDAY

WEDNESDAY

THURSDAY

FRIDAY

SATURDAY

SUNDAY

Today's Plan

Date: _____
Mon Tue Wed Thu Fri Sat Sun

Today's Goal(s) _____
_____
_____

To Do Today
- ○ _____
- ○ _____
- ○ _____
- ○ _____
- ○ _____

Daily Chores
- ○ _____
- ○ _____
- ○ _____
- ○ _____
- ○ _____

Appointments
__:__ _____
__:__ _____
__:__ _____
__:__ _____

Hydrate ○○○○○○○
Mood 🙂 😐 🙁 ☹️ 😖
Exercise _____
_____
_____

For Tomorrow
_____
_____
_____
_____

I Am Grateful For

Today's Plan

Date: _____
Mon Tue Wed Thu Fri Sat Sun

Today's Goal(s) _____
_____
_____

To Do Today

- ○ _____
- ○ _____
- ○ _____
- ○ _____
- ○ _____

Daily Chores

- ○ _____
- ○ _____
- ○ _____
- ○ _____
- ○ _____

Appointments

___:___ _____
___:___ _____
___:___ _____
___:___ _____

Hydrate ○ ○ ○ ○ ○ ○ ○
Mood ☺ 😐 ☹ 😦 😠
Exercise _____
_____
_____

For Tomorrow

_____
_____
_____
_____
_____

I Am Grateful For

Today's Plan

Date: _____
Mon Tue Wed Thu Fri Sat Sun

Today's Goal(s) _____
_____
_____

To Do Today
- ○ _____
- ○ _____
- ○ _____
- ○ _____
- ○ _____

Daily Chores
- ○ _____
- ○ _____
- ○ _____
- ○ _____
- ○ _____

Appointments
___:___ _____
___:___ _____
___:___ _____
___:___ _____

Hydrate ○ ○ ○ ○ ○ ○ ○
Mood ☺ 😐 ☹ 😦 😖
Exercise _____
_____
_____

For Tomorrow
_____
_____
_____
_____
_____

I Am Grateful For

Today's Plan

Date: _____
Mon Tue Wed Thu Fri Sat Sun

Today's Goal(s) _____
_____
_____

To Do Today
○ _____
○ _____
○ _____
○ _____
○ _____

Daily Chores
○ _____
○ _____
○ _____
○ _____
○ _____

Appointments
___:___ _____
___:___ _____
___:___ _____
___:___ _____

Hydrate ○ ○ ○ ○ ○ ○ ○
Mood ☺ 😐 ☹ 😦 😫
Exercise _____
_____
_____

For Tomorrow
_____
_____
_____
_____
_____

I Am Grateful For

Today's Plan

Date: _____
Mon Tue Wed Thu Fri Sat Sun

Today's Goal(s) _____
_____
_____

To Do Today
- ○ _____
- ○ _____
- ○ _____
- ○ _____
- ○ _____

Daily Chores
- ○ _____
- ○ _____
- ○ _____
- ○ _____
- ○ _____

Appointments
___:___ _____
___:___ _____
___:___ _____
___:___ _____

Hydrate ○ ○ ○ ○ ○ ○ ○
Mood ☺ 😐 ☹ 😦 😖
Exercise _____
_____
_____

For Tomorrow
_____
_____
_____
_____

I Am Grateful For

Today's Plan

Date: _____
Mon Tue Wed Thu Fri Sat Sun

Today's Goal(s) _____
_____
_____

To Do Today

○ _____
○ _____
○ _____
○ _____
○ _____

Daily Chores

○ _____
○ _____
○ _____
○ _____
○ _____

Appointments

___:___ _____
___:___ _____
___:___ _____
___:___ _____

Hydrate ○ ○ ○ ○ ○ ○ ○
Mood 😊 😐 🙁 ☹️ 😠
Exercise _____
_____
_____

For Tomorrow

_____
_____
_____
_____
_____

I Am Grateful For

Today's Plan

Date: _____
Mon Tue Wed Thu Fri Sat Sun

Today's Goal(s) _____
_____
_____

To Do Today
○ _____
○ _____
○ _____
○ _____
○ _____

Daily Chores
○ _____
○ _____
○ _____
○ _____
○ _____

Appointments
___:___ _____
___:___ _____
___:___ _____
___:___ _____

Hydrate ○○○○○○○
Mood ☺ 😐 ☹ 🙁 😣
Exercise _____
_____
_____

For Tomorrow
_____
_____
_____
_____
_____

I Am Grateful For

NOTES	THOUGHTS

MONTH:					YEAR:	
S	M	T	W	T	F	S

_____

_____

_____

_____

_____

_____

_____

Top 3 Goals For the Week

Week of: ____ / ____ to ____ / ____

MONDAY

To Do

TUESDAY

WEDNESDAY

THURSDAY

FRIDAY

Things I'm Grateful For

SATURDAY

SUNDAY

Today's Plan

Date: _____
Mon Tue Wed Thu Fri Sat Sun

Today's Goal(s) _____
_____
_____

To Do Today
○ _____
○ _____
○ _____
○ _____
○ _____

Daily Chores
○ _____
○ _____
○ _____
○ _____
○ _____

Appointments
__:__ _____
__:__ _____
__:__ _____
__:__ _____

Hydrate ⬯ ⬯ ⬯ ⬯ ⬯ ⬯ ⬯
Mood ☺ 😐 ☹ 😦 😣
Exercise _____
_____
_____

For Tomorrow
_____
_____
_____
_____
_____

I Am Grateful For

Today's Plan

Date: _____
Mon Tue Wed Thu Fri Sat Sun

Today's Goal(s) _____
_____
_____

To Do Today
- ○ _____
- ○ _____
- ○ _____
- ○ _____
- ○ _____

Daily Chores
- ○ _____
- ○ _____
- ○ _____
- ○ _____
- ○ _____

Appointments
___:___ _____
___:___ _____
___:___ _____
___:___ _____

Hydrate ⚪⚪⚪⚪⚪⚪⚪
Mood ☺ 😐 ☹ 😦 😣
Exercise _____
_____
_____

For Tomorrow
_____
_____
_____
_____
_____

I Am Grateful For

Today's Plan

Date: _____
Mon Tue Wed Thu Fri Sat Sun

Today's Goal(s) _____
_____
_____

To Do Today
- ○ _____
- ○ _____
- ○ _____
- ○ _____
- ○ _____

Daily Chores
- ○ _____
- ○ _____
- ○ _____
- ○ _____
- ○ _____

Appointments
___:___ _____
___:___ _____
___:___ _____
___:___ _____

Hydrate ⬭ ⬭ ⬭ ⬭ ⬭ ⬭ ⬭
Mood 😊 😐 🙁 ☹️ 😖
Exercise _____
_____
_____

For Tomorrow
_____
_____
_____
_____
_____

I Am Grateful For

Today's Plan

Date: _____
Mon Tue Wed Thu Fri Sat Sun

Today's Goal(s) _____
_____
_____

To Do Today
- ○ _____
- ○ _____
- ○ _____
- ○ _____
- ○ _____

Daily Chores
- ○ _____
- ○ _____
- ○ _____
- ○ _____
- ○ _____

Appointments
___:___ _____
___:___ _____
___:___ _____
___:___ _____

Hydrate ○ ○ ○ ○ ○ ○ ○
Mood ☺ 😐 ☹ ☹ ☹
Exercise _____
_____
_____

For Tomorrow
_____
_____
_____
_____
_____

I Am Grateful For

Today's Plan

Date: _____
Mon Tue Wed Thu Fri Sat Sun

Today's Goal(s) _____
_____
_____

To Do Today

- ○ _____
- ○ _____
- ○ _____
- ○ _____
- ○ _____

Daily Chores

- ○ _____
- ○ _____
- ○ _____
- ○ _____
- ○ _____

Appointments

___:___ _____
___:___ _____
___:___ _____
___:___ _____

Hydrate ○ ○ ○ ○ ○ ○ ○
Mood ☺ 😐 ☹ 🙁 😣
Exercise _____
_____
_____

For Tomorrow

_____
_____
_____
_____
_____

I Am Grateful For

Today's Plan

Date: _____
Mon Tue Wed Thu Fri Sat Sun

Today's Goal(s) _____
_____
_____

To Do Today

- ○ _____
- ○ _____
- ○ _____
- ○ _____
- ○ _____

Daily Chores

- ○ _____
- ○ _____
- ○ _____
- ○ _____
- ○ _____

Appointments

__:__ _____
__:__ _____
__:__ _____
__:__ _____

Hydrate ◊ ◊ ◊ ◊ ◊ ◊ ◊
Mood ☺ 😐 ☹ 😦 😣
Exercise _____
_____
_____

For Tomorrow

_____
_____
_____
_____
_____

I Am Grateful For

Today's Plan

Date: _____
Mon Tue Wed Thu Fri Sat Sun

Today's Goal(s) _____
_____
_____

To Do Today

- ○ _____
- ○ _____
- ○ _____
- ○ _____
- ○ _____

Daily Chores

- ○ _____
- ○ _____
- ○ _____
- ○ _____
- ○ _____

Appointments

___:___ _____
___:___ _____
___:___ _____
___:___ _____

Hydrate ○ ○ ○ ○ ○ ○ ○
Mood   ☺ 😐 ☹ 😧 😠
Exercise _____
_____
_____

For Tomorrow

_____
_____
_____
_____

I Am Grateful For

NOTES	THOUGHTS

MONTH:					YEAR:	
S	M	T	W	T	F	S

_____

_____

_____

_____

_____

_____

Top 3 Goals For the Week

Week of: ____ / ____ to ____ / ____

_____

_____

_____

To Do

_____

_____

_____

_____

_____

_____

_____

_____

_____

_____

Things I'm Grateful For

| MONDAY |
| TUESDAY |
| WEDNESDAY |
| THURSDAY |
| FRIDAY |
| SATURDAY |
| SUNDAY |

Today's Plan

Date: _____
Mon Tue Wed Thu Fri Sat Sun

Today's Goal(s) _____
_____
_____

To Do Today
○ _____
○ _____
○ _____
○ _____
○ _____

Daily Chores
○ _____
○ _____
○ _____
○ _____
○ _____

Appointments
___:___ _____
___:___ _____
___:___ _____
___:___ _____

Hydrate ○ ○ ○ ○ ○ ○ ○
Mood ☺ 😐 ☹ ☹ ☹
Exercise _____
_____
_____

For Tomorrow
_____
_____
_____
_____

I Am Grateful For

Today's Plan

Date: _____
Mon Tue Wed Thu Fri Sat Sun

Today's Goal(s) _____
_____
_____

To Do Today
○ _____
○ _____
○ _____
○ _____
○ _____

Daily Chores
○ _____
○ _____
○ _____
○ _____
○ _____

Appointments
___:___ _____
___:___ _____
___:___ _____
___:___ _____

Hydrate ⬭ ⬭ ⬭ ⬭ ⬭ ⬭ ⬭
Mood   ☺ 😐 ☹ 😦 😠
Exercise _____
         _____
         _____

For Tomorrow
_____
_____
_____
_____
_____

I Am Grateful For

Today's Plan

Date: _____
Mon Tue Wed Thu Fri Sat Sun

Today's Goal(s) _____
_____
_____

To Do Today
- ○ _____
- ○ _____
- ○ _____
- ○ _____
- ○ _____

Daily Chores
- ○ _____
- ○ _____
- ○ _____
- ○ _____
- ○ _____

Appointments
___:___ _____
___:___ _____
___:___ _____
___:___ _____

Hydrate ○ ○ ○ ○ ○ ○ ○
Mood   ☺ 😐 ☹ ☹ 😖
Exercise _____
_____
_____

For Tomorrow
_____
_____
_____
_____
_____

I Am Grateful For

Today's Plan

Date: _____
Mon Tue Wed Thu Fri Sat Sun

Today's Goal(s) _____
_____
_____

To Do Today

○ _____
○ _____
○ _____
○ _____
○ _____

Daily Chores

○ _____
○ _____
○ _____
○ _____
○ _____

Appointments

___:___ _____
___:___ _____
___:___ _____
___:___ _____

Hydrate 💧💧💧💧💧💧💧
Mood ☺ 😐 ☹ 😦 😠
Exercise _____
_____
_____

For Tomorrow

_____
_____
_____
_____
_____

I Am Grateful For

Today's Plan

Date: _____
Mon Tue Wed Thu Fri Sat Sun

Today's Goal(s) _____
_____
_____

To Do Today

- ○ _____
- ○ _____
- ○ _____
- ○ _____
- ○ _____

Daily Chores

- ○ _____
- ○ _____
- ○ _____
- ○ _____
- ○ _____

Appointments

___:___ _____
___:___ _____
___:___ _____
___:___ _____

Hydrate ○ ○ ○ ○ ○ ○ ○
Mood   ☺ 😐 ☹ ☹ 😠
Exercise _____
_____
_____

For Tomorrow

_____
_____
_____
_____

I Am Grateful For

Today's Plan

Date: _____
Mon Tue Wed Thu Fri Sat Sun

Today's Goal(s) _____
_____
_____

To Do Today
- ○ _____
- ○ _____
- ○ _____
- ○ _____
- ○ _____

Daily Chores
- ○ _____
- ○ _____
- ○ _____
- ○ _____
- ○ _____

Appointments
___:___ _____
___:___ _____
___:___ _____
___:___ _____

Hydrate ○ ○ ○ ○ ○ ○ ○
Mood ☺ 😐 ☹ 😦 😠
Exercise _____
_____
_____

For Tomorrow
_____
_____
_____
_____
_____

I Am Grateful For

Today's Plan

Date: _____
Mon Tue Wed Thu Fri Sat Sun

Today's Goal(s) _____
_____
_____

To Do Today
○ _____
○ _____
○ _____
○ _____
○ _____

Daily Chores
○ _____
○ _____
○ _____
○ _____
○ _____

Appointments
___:___ _____
___:___ _____
___:___ _____
___:___ _____

Hydrate ○ ○ ○ ○ ○ ○ ○
Mood ☺ 😐 ☹ ☹ 😣
Exercise _____
_____
_____

For Tomorrow
_____
_____
_____
_____
_____

I Am Grateful For

NOTES	THOUGHTS

MONTH:					YEAR:	
S	M	T	W	T	F	S

_____

_____

_____

_____

_____

_____

Top 3 Goals For the Week

Week of: ____ / ____ to ____ / ____

_____

_____

_____

To Do

_____

_____

_____

_____

_____

_____

_____

_____

_____

_____

Things I'm Grateful For

MONDAY

TUESDAY

WEDNESDAY

THURSDAY

FRIDAY

SATURDAY

SUNDAY

Today's Plan

Date: _____
Mon Tue Wed Thu Fri Sat Sun

Today's Goal(s) _____
_____
_____

To Do Today

○ _____
○ _____
○ _____
○ _____
○ _____

Daily Chores

○ _____
○ _____
○ _____
○ _____
○ _____

Appointments

___:___ _____
___:___ _____
___:___ _____
___:___ _____

Hydrate ⚪⚪⚪⚪⚪⚪⚪
Mood ☺ 😐 ☹ 😦 😖
Exercise _____
_____
_____

For Tomorrow

_____
_____
_____
_____
_____

I Am Grateful For

Today's Plan

Date: _____
Mon Tue Wed Thu Fri Sat Sun

Today's Goal(s) _____
_____
_____

To Do Today
○ _____
○ _____
○ _____
○ _____
○ _____

Daily Chores
○ _____
○ _____
○ _____
○ _____
○ _____

Appointments
___:___ _____
___:___ _____
___:___ _____
___:___ _____

Hydrate ○ ○ ○ ○ ○ ○ ○
Mood ☺ 😐 ☹ 😦 😠
Exercise _____
_____
_____

For Tomorrow
_____
_____
_____
_____
_____

I Am Grateful For

Today's Plan

Date: _____
Mon Tue Wed Thu Fri Sat Sun

Today's Goal(s) _____
_____
_____

To Do Today
- _____
- _____
- _____
- _____
- _____

Daily Chores
- _____
- _____
- _____
- _____
- _____

Appointments
___:___ _____
___:___ _____
___:___ _____
___:___ _____

Hydrate ◯ ◯ ◯ ◯ ◯ ◯ ◯
Mood ☺ 😐 ☹ 😦 😠
Exercise _____
_____
_____

For Tomorrow
_____
_____
_____
_____
_____

I Am Grateful For

Today's Plan

Date: _____
Mon Tue Wed Thu Fri Sat Sun

Today's Goal(s) _____
_____
_____

To Do Today
○ _____
○ _____
○ _____
○ _____
○ _____

Daily Chores
○ _____
○ _____
○ _____
○ _____
○ _____

Appointments
___:___ _____
___:___ _____
___:___ _____
___:___ _____

Hydrate ⬤ ⬤ ⬤ ⬤ ⬤ ⬤ ⬤
Mood 🙂 😐 🙁 ☹️ 😣
Exercise _____
_____
_____

For Tomorrow
_____
_____
_____
_____
_____

I Am Grateful For

Today's Plan

Date: _____
Mon Tue Wed Thu Fri Sat Sun

Today's Goal(s) _____
_____
_____

To Do Today
- ○ _____
- ○ _____
- ○ _____
- ○ _____
- ○ _____

Daily Chores
- ○ _____
- ○ _____
- ○ _____
- ○ _____
- ○ _____

Appointments
___:___ _____
___:___ _____
___:___ _____
___:___ _____

Hydrate ○ ○ ○ ○ ○ ○ ○
Mood ☺ 😐 ☹ 😦 😣
Exercise _____
_____
_____

For Tomorrow
_____
_____
_____
_____
_____

I Am Grateful For

Today's Plan

Date: _____
Mon Tue Wed Thu Fri Sat Sun

Today's Goal(s) _____
_____
_____

To Do Today
- ○ _____
- ○ _____
- ○ _____
- ○ _____
- ○ _____

Daily Chores
- ○ _____
- ○ _____
- ○ _____
- ○ _____
- ○ _____

Appointments
___:___ _____
___:___ _____
___:___ _____
___:___ _____

Hydrate ○ ○ ○ ○ ○ ○ ○
Mood ☺ 😐 ☹ 😦 😖
Exercise _____
_____
_____

For Tomorrow
_____
_____
_____
_____
_____

I Am Grateful For

Today's Plan

Date: _____
Mon Tue Wed Thu Fri Sat Sun

Today's Goal(s) _____
_____
_____

To Do Today

○ _____
○ _____
○ _____
○ _____
○ _____

Daily Chores

○ _____
○ _____
○ _____
○ _____
○ _____

Appointments

___:___ _____
___:___ _____
___:___ _____
___:___ _____

Hydrate ○ ○ ○ ○ ○ ○ ○
Mood ☺ 😐 ☹ 😢 😣
Exercise _____
_____
_____

For Tomorrow

_____
_____
_____
_____

I Am Grateful For

NOTES	THOUGHTS

MONTH:					YEAR:	
S	M	T	W	T	F	S

_____

_____

_____

_____

_____

_____

Top 3 Goals For the Week   Week of: ____ / ____ to ____ /____

_____
_____
_____

To Do

_____
_____
_____
_____
_____
_____
_____
_____
_____
_____

Things I'm Grateful For

| MONDAY |
| TUESDAY |
| WEDNESDAY |
| THURSDAY |
| FRIDAY |
| SATURDAY |
| SUNDAY |

Today's Plan

Date: _____
Mon Tue Wed Thu Fri Sat Sun

Today's Goal(s) _____
_____
_____

To Do Today
○ _____
○ _____
○ _____
○ _____
○ _____

Daily Chores
○ _____
○ _____
○ _____
○ _____
○ _____

Appointments
___:___ _____
___:___ _____
___:___ _____
___:___ _____

Hydrate ○ ○ ○ ○ ○ ○ ○
Mood   ☺ 😐 ☹ 😦 😣
Exercise _____
_____
_____

For Tomorrow
_____
_____
_____
_____
_____

I Am Grateful For

Today's Plan

Date: _____
Mon Tue Wed Thu Fri Sat Sun

Today's Goal(s) _____
_____
_____

To Do Today

- ○ _____
- ○ _____
- ○ _____
- ○ _____
- ○ _____

Daily Chores

- ○ _____
- ○ _____
- ○ _____
- ○ _____
- ○ _____

Appointments

__:__ _____
__:__ _____
__:__ _____
__:__ _____

Hydrate ○ ○ ○ ○ ○ ○ ○
Mood ☺ 😐 ☹ 😦 😣
Exercise _____
_____
_____

For Tomorrow

_____
_____
_____
_____
_____

I Am Grateful For

Today's Plan

Date: _____
Mon Tue Wed Thu Fri Sat Sun

Today's Goal(s) _____
_____
_____

To Do Today
○ _____
○ _____
○ _____
○ _____
○ _____

Daily Chores
○ _____
○ _____
○ _____
○ _____
○ _____

Appointments
__:__ _____
__:__ _____
__:__ _____
__:__ _____

Hydrate ○ ○ ○ ○ ○ ○ ○
Mood ☺ 😐 ☹ 😦 😖
Exercise _____
_____
_____

For Tomorrow
_____
_____
_____
_____

I Am Grateful For

Today's Plan

Date: _____
Mon Tue Wed Thu Fri Sat Sun

Today's Goal(s) _____
_____
_____

To Do Today

○ _____
○ _____
○ _____
○ _____
○ _____

Daily Chores

○ _____
○ _____
○ _____
○ _____
○ _____

Appointments

___:___ _____
___:___ _____
___:___ _____
___:___ _____

Hydrate ○ ○ ○ ○ ○ ○ ○
Mood ☺ 😐 ☹ 😦 😠
Exercise _____
_____
_____

For Tomorrow

_____
_____
_____
_____
_____

I Am Grateful For

Today's Plan

Date: _____
Mon Tue Wed Thu Fri Sat Sun

Today's Goal(s) _____
_____
_____

To Do Today
- ○ _____
- ○ _____
- ○ _____
- ○ _____
- ○ _____

Daily Chores
- ○ _____
- ○ _____
- ○ _____
- ○ _____
- ○ _____

Appointments
__:__ _____
__:__ _____
__:__ _____
__:__ _____

Hydrate ○ ○ ○ ○ ○ ○ ○
Mood   ☺ 😐 ☹ ☹ 😣
Exercise _____
_____
_____

For Tomorrow
_____
_____
_____
_____

I Am Grateful For

Today's Plan

Date: _____
Mon Tue Wed Thu Fri Sat Sun

Today's Goal(s) _____
_____
_____

To Do Today
○ _____
○ _____
○ _____
○ _____
○ _____

Daily Chores
○ _____
○ _____
○ _____
○ _____
○ _____

Appointments
___:___ _____
___:___ _____
___:___ _____
___:___ _____

Hydrate ○ ○ ○ ○ ○ ○ ○
Mood ☺ 😐 ☹ 😦 😠
Exercise _____
_____
_____

For Tomorrow

I Am Grateful For

_____
_____
_____
_____
_____

Today's Plan

Date: _____
Mon Tue Wed Thu Fri Sat Sun

Today's Goal(s) _____
_____
_____

To Do Today
- ○ _____
- ○ _____
- ○ _____
- ○ _____
- ○ _____

Daily Chores
- ○ _____
- ○ _____
- ○ _____
- ○ _____
- ○ _____

Appointments
__:__ _____
__:__ _____
__:__ _____
__:__ _____

Hydrate ○ ○ ○ ○ ○ ○ ○
Mood ☺ 😐 ☹ 🙁 😣
Exercise _____
_____
_____

For Tomorrow
_____
_____
_____
_____
_____

I Am Grateful For

NOTES	THOUGHTS